Hadas

y

Princesas

susaeta

Diseño de Marcela Grez
Ilustraciones: Carmen Guerra/Eleonora Barsotti/Equipo Susaeta

© SUSAETA EDICIONES, S.A.
Campezo, 13 - 28022 Madrid
Tel.: 913 009 100
Fax: 913 009 118
www.susaeta.com

Hadas y Princesas

Agenda Escolar

permanente

susaeta

Haz tu retrato

Datos personales

tu foto

Nombre _____

Apellidos _____

Dirección _____

Población _____

Teléfono _____

Edad _____

Grupo sanguíneo _____

Colegio _____

Curso _____

Horario de clases

Hora	Lunes	Martes

Miércoles   Jueves   Viernes

Mis controles

Asignatura	Primera	Segunda	Tercera

Notas finales

Mis apuntes

Libros

Autor	Título

Material

Septiembre

Setembre · Setembro · Iraila

Septiembre

1

2

3

Los reyes estaban muy felices pues iban a ser padres...

4

5

6

...y finalmente nació
una hermosa niña:
la princesita
Aurora.

Septiembre

7

8

9

Todas
las hadas
invitadas
al bautizo regalaron
a la niña dones
y virtudes.

10

11

12

Pero olvidaron
invitar al hada
más anciana,
quien,
despechada,
echó una
maldición
a la niña.

Septiembre

13
_____
_____
_____
_____

14
_____
_____
_____
_____
_____

15
_____
_____
_____

*"Cuando cumpla quince
años se pinchará
un dedo y morirá...",
dijo con ira.*

El hada más joven llegó a tiempo para, con un último regalo, cambiar el destino de muerte por un largo sueño de cien años.

16

17

18

Septiembre

19

20

21

Así fue como
un espeso bosque
creció alrededor
del castillo,
protegiéndolo
de curiosos.

22
_____
_____
_____
_____

23
_____
_____
_____
_____

24
_____
_____
_____
_____

Y llegó un príncipe
que había oído
la historia
de la princesa y,
al verla, se enamoró
perdidamente.

Septiembre

25

26

27

El príncipe y
la bella Aurora
se casaron
y fueron felices
para siempre.

Setembre · Setembro · Iraila

Aurora

28
_____
_____
_____
_____

29
_____
_____
_____
_____

30
_____
_____
_____
_____

Septiembre

Resumen del mes

Octubre

Octubre · Outubro · Urria

Octubre

1

2

3

Una princesita
muy joven y bonita.

4

5

6

Esta bella princesa está muy elegante.

Octubre

7

8

9

Una princesa del fondo del mar...

10

11

12

Una boda principesca.

Octubre

13

14

15

¿Sabes por qué esta princesa tiene guarda un guisante?

Esta princesa amazona cabalga por los prados.

16

17

18

Octubre

19

20

21

La princesa enamorada baila con su amado.

22

23

24

Baila y baila
sin parar
la princesa bailarina...

Octubre

¡Qué galante caballero, besando la mano de la princesa!

25

26

27

28

29

30

31

Octubre

Resumen del mes

Octubre · Outubro · Urria

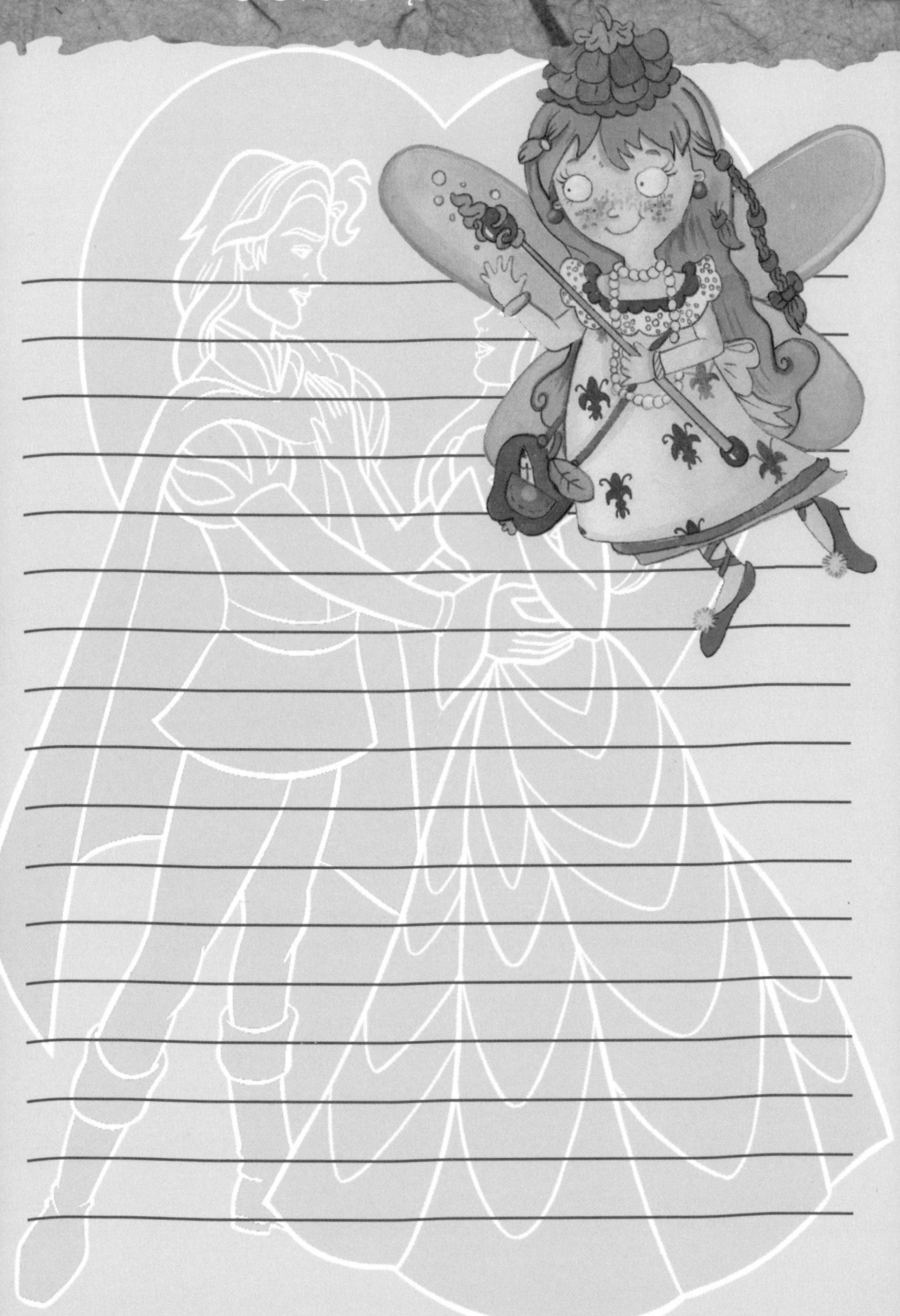

Noviembre

Novembre · Novembro · Azaroa

Noviembre

1

2

3

Hada del Amor y la Amistad

4

5

6

Hada de la Belleza

Noviembre

7

8

9

Hada del caracol

Novembre · Novembro · Azaroa

10

11

12

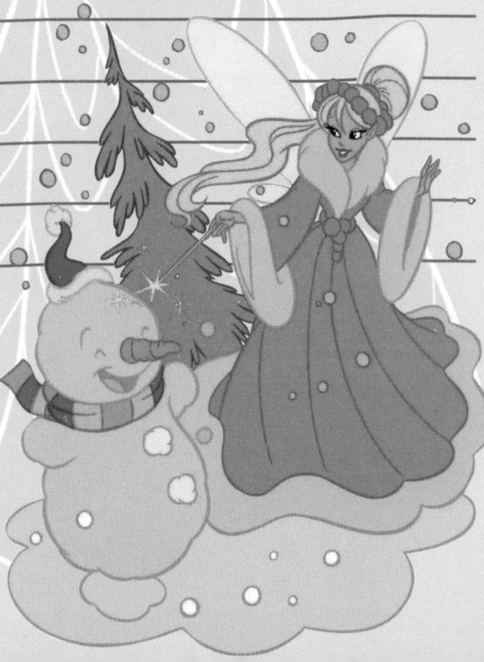

Hada de las Nieves

Noviembre

13

14

15

Hada de la Primavera

Hada de las Rosas

16
_____
_____
_____
_____

17
_____
_____
_____
_____

18
_____
_____
_____

Noviembre

19

20

21

Hada de las Estrellas

22

23

24

Hada de las Setas

Noviembre

25

26

27

Hada de las Mariposas

Hada de la hora
de la siesta

28 _____

29 _____

30 _____

Noviembre

Resumen del mes

Diciembre

Desembre · Deçembro · Abendua

Diciembre

1

2

3

La reina de un lejano país deseaba tener una hija a la que llamaría Blancanieves.

4

5

6

Al morir
la reina, el rey
se volvió a
casar. La nueva
reina era muy
vanidosa y estaba
celosa de la niña.

Diciembre

7

8

9

Envidiosa de la belleza de Blancanieves envió a un cazador a matarla.

10

11

12

El cazador
sintió pena de
Blancanieves y
le dijo que se
escondiera en
el bosque.

Diciembre

13

14

15

Y allí vivió con siete
enanitos.

Disfrazada de anciana, la madrastra buscó a la joven y le dio una manzana envenenada.

16
_____
_____
_____
_____

17
_____
_____
_____
_____

18
_____
_____
_____

Diciembre

19

20

21

Cuando la encontraron, los enanitos estaban muy tristes.

22

23

24

Un príncipe que
pasaba, al verla
se enamoró, y
al darle un beso
se rompió
el hechizo
de la bruja.

Diciembre

25

26

27

¡Blancanieves
y el príncipe
fueron por
siempre
felices!

Blancanieves

28

29

30

31

Resumen del mes

Enero

Gener · Xaneiro · Urtarrila

Enero

1

2

3

Invitación
al baile.

4
_____
_____
_____
_____
_____

5
_____
_____
_____
_____
_____

6
_____
_____
_____
_____
_____
_____

Un vestido muy bello
para la princesa.

Enero

7

8

9

Tres princesas muy coquetas.

10

11

12

¡Una pareja principesca!

Enero

13

14

15

La princesa está muy cansada
¡de tanto bailar!

Un vestido de raso azul con volantes a juego.

16

17

18

Enero

19

20

21

La princesa
enamorada.

22

23

24

Bailando un vals
a la luz
de las velas.

Enero

25

26

27

Esta princesa se adorna el cabello con flores.

28

29

30

La princesa y el príncipe
a la luz de la luna.

Enero

31

Resumen del mes

Febrero

Febrer · Febreiro · Otsaila

Febrero

1

2

3

Hada traviesa

4

5

6

Hada de los ojos verdes

Febrero

7

8

9

Hada del duendecillo

10

11

12

Hada del columpio

Febrero

13 _____
_____
_____
_____

14 _____
_____
_____
_____

15 _____
_____
_____
_____

Hada de la Media Luna

Hada de la
esfera mágica

16

17

18

Febrero

19
_____
_____
_____
_____

20
_____
_____
_____
_____

21
_____
_____
_____
_____
_____

Hada de la lluvia

22

23

24

Hada de
las manzanas

Febrero

Hada de las abejas

25 _____
_____
_____
_____

26 _____
_____
_____
_____

27 _____
_____
_____
_____

28 _____
_____
_____
_____

29 _____
_____
_____
_____

Hada de

los pajarillos

Febrero

Resumen del mes

Febrer · Febreiro · Otsaila

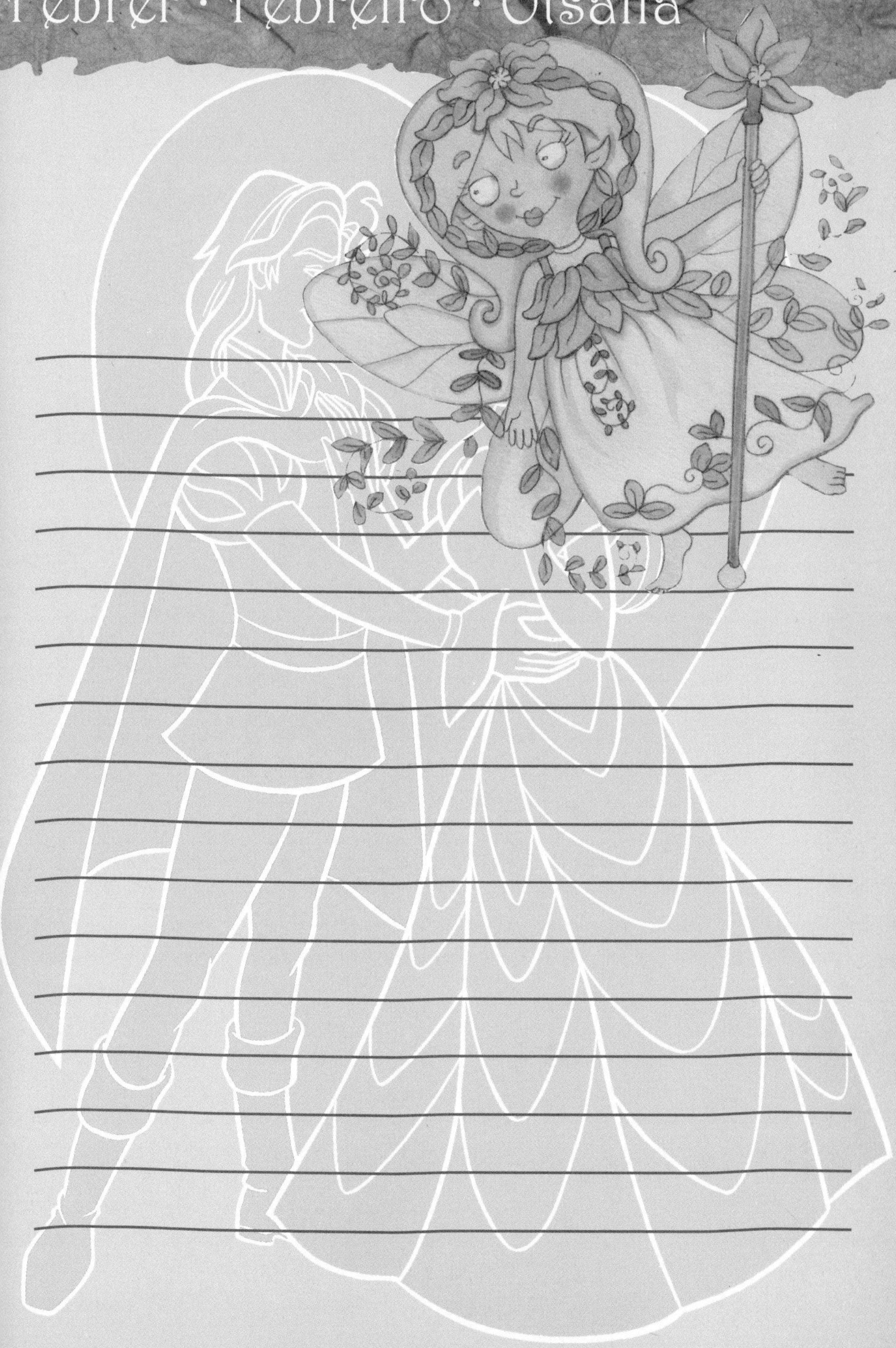

Marzo

Març · Marzo · Martxoa

Marzo

1

2

3

En un reino
muy lejano vivía
una reina
con su hijo.

4

5

6

El apuesto
príncipe quería
casarse.

7

8

9

A los bailes
de palacio
acudían hermosas
muchachas pero
ninguna lograba
enamorar
al príncipe.

10

11

12

*Él sólo quería
encontrar
una
princesa
verdadera.*

Marzo

13

14

15

*Un día apareció
una joven que
se había
perdido,
diciendo que era
una princesa.*

La reina tuvo
una idea para saber
si la joven era,
en verdad,
una princesa.
Puso un guisante
debajo de varios
colchones.

16

17

18

Marzo

19

20

21

Y la muchacha no pudo dormir en toda la noche.

22

23

24

Así fue como todos se dieron cuenta de que ella ¡sí era una verdadera princesa!

Marzo

25

26

27

El príncipe declaró su amor a la princesa y fueron muy felices.

La princesa
y
el guisante.

28 _____
_____
_____
_____

29 _____
_____
_____
_____

30 _____
_____
_____
_____

Marzo

31

Resumen del mes

Març · Marzo · Martxoa

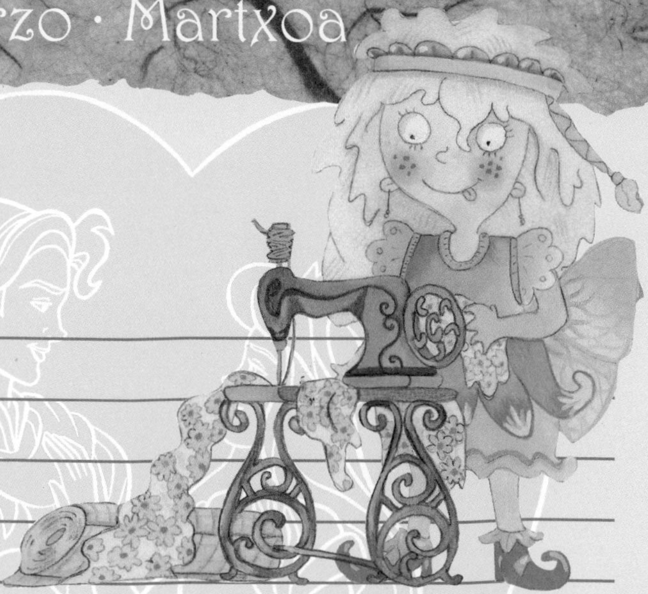

Abril

Abril · Abril · Apirila

Abril

1

2

3

Un vestido rojo para la princesa.

4

5

6

Vestida de azul para recoger florecillas.

Abril

7

8

9

Azul y oro para una princesa de cuento.

10

11

12

Una bella princesa vestida para dar un paseo.

13

14

15

Un abrigo con piel de armiño para el invierno.

Un vestido con mucho vuelo para bailar toda la noche.

16

17

18

Abril

19

20

21

Princesa vestida de blanco para su boda.

22

23

24

Radiante y feliz,
de blanco encaje
va esta princesa.

Abril

25

26

27

¡Qué hermoso traje para una gran fiesta!

28

29

30

Hermosos adornos para un día de primavera.

Abril

Resumen del mes

Mayo

Maig · Maio · Maiatza

Mayo

1

2

3

Hada del arco iris

4

5

6

Las hadas buenas
de la
Bella Durmiente.

Mayo

7

8

9

Hada de las noches estrelladas

10

11

12

Hada del fuego

Mayo

13

14

15

Hada de las campanillas

16 _____
_____
_____
_____

17 _____
_____
_____
_____

18 _____
_____
_____
_____

Hada de
la varita maravillosa

Mayo

19

20

21

Hada del solsticio
de verano

22

23

24

Hada de la fantasía
y los buenos sueños

Mayo

25

26

27

Hada de la bola dorada

28

29

30

Hada de las flores

Mayo

31

Resumen del mes

Junio

Juny · Xuño · Ekaina

Junio

1

2

3

A una joven
de gran
belleza la
llamaban
Cenicienta.

4 _____

_____

_____

_____

5 _____

_____

_____

_____

6 _____

_____

_____

_____

Su rostro siempre tenía trazos de ceniza, ya que debía hacer todas las tareas de la casa.

Junio

7

8

9

Vivía con
su madrastra
y sus dos
egoístas
hermanastras.

10

11

12

Tampoco podía
ir a los bailes
de palacio: las
hermanastras se
encargaban de que
le fuera imposible.

Junio

13 _____
_____
_____
_____

14 _____
_____
_____
_____
_____

15 _____
_____
_____
_____
_____

Y así fue como apareció su hada madrina para hacer realidad su deseo.

El hada convirtió una calabaza del huerto en elegante carroza.

16

17

18

Junio

19

20

21

Y sus harapos se transformaron en un bellísimo vestido.

22

23

24

Pero cuando dieron las
doce, tuvo que salir
huyendo del baile
para volver a ser
quien era
en realidad.

Junio

25

26

27

El príncipe se había enamorado de ella y la buscó por el reino gracias al zapato de cristal que la joven había perdido.

Juny · Xuño · Ekaina

Así fue como
Cenicienta y
el príncipe
encontraron
el amor
  verdadero.

28

29

30

Junio

Resumen del mes

_____

_____

_____

_____

_____

_____

_____

_____

_____

_____

_____

_____

_____

_____

_____

_____

_____

_____

_____

_____

_____

_____

Teléfonos

M · N · Ñ · O   P · Q · R